[美]博恩·崔西（Brian Tracy） 著

王琰 译

高效会议

让参会的每一分钟都有回报

MEETINGS THAT GET RESULTS

中国科学技术出版社

·北京·

Meetings that Get Results by Brian Tracy.
Copyright © 2014 Brian Tracy.
Original English language edition published by arrangement with HarperCollins Leadership, a division of HarperCollins Focus, LLC.
Simplified Chinese translation copyright ©2020 by China Science and Technology Press Co., Ltd.
All rights reserved.
北京市版权局著作权合同登记　图字：01-2021-5243。

图书在版编目（CIP）数据

高效会议 /（美）博恩·崔西著；王琰译 .—北京：中国科学技术出版社，2021.9（2023.12 重印）

书名原文：Meetings that get results

ISBN 978-7-5046-9182-8

Ⅰ.①高… Ⅱ.①博…②王… Ⅲ.①会议—组织管理学 Ⅳ.① C931.47

中国版本图书馆 CIP 数据核字（2021）第 195938 号

策划编辑	杜凡如　褚福祎	责任编辑	申永刚
封面设计	马筱琨	版式设计	蚂蚁设计
责任校对	张晓莉	责任印制	李晓霖

出　　版	中国科学技术出版社
发　　行	中国科学技术出版社有限公司发行部
地　　址	北京市海淀区中关村南大街 16 号
邮　　编	100081
发行电话	010-62173865
传　　真	010-62173081
网　　址	http://www.cspbooks.com.cn

开　　本	787mm×1092mm　1/32
字　　数	52 千字
印　　张	5
版　　次	2021 年 9 月第 1 版
印　　次	2023 年 12 月第 2 次印刷
印　　刷	北京盛通印刷股份有限公司
书　　号	ISBN 978-7-5046-9182-8/C・180
定　　价	59.00 元

（凡购买本社图书，如有缺页、倒页、脱页者，本社发行部负责调换）

前言
PREFACE

会议是所有公司运营过程中必不可少的一部分。管理者职业生涯中有至少25%的时间花在了团队会议上，多达70%~80%的时间都花在了与其他人和团队成员面对面、一对一的交流上。

一家公司的员工越多，执行关联任务的复杂性就越高，因而就越需要员工分组开会去解决问题、做出决定、共享信息，以及交换意见和观点。

我最喜欢用"会议是一种管理行为"这句话来描述会议。会议能让管理者展示其管理能力，但也能显露其缺乏管理能力。此外，会议还能够帮助管

高效会议
MEETINGS THAT GET RESULTS

理者提升沟通能力，影响和说服员工，以及推进组织目标。

但是，会议就像广告一样。据估计，在广告中投入的 50% 的钱都被浪费了，没人知道这些钱究竟花在了哪里。会议也是一样，在会议中有 50% 的时间被浪费了，也没人知道如何节约这不必要的 50% 的时间。

许多会议持续时间过长，虽然具有感染力，但并未做到以结果为导向。或者说这样的会议内容含混不清，毫无方向。尽管如此，任何组织都不可避免地要开会，因为在商业环境中会议是必不可少的，对管理者的成功也至关重要。

前言
Preface

⚡ 影响他人

本书介绍了管理者如何更有效地管理和参与会议，从而从开会所投入的时间成本上获得最大的回报。

作为管理者，你计划和举行会议的方式以及在会议上的表现是决定你职业生涯成败的重要因素。在会议中，你的一言一行都在上司和下属的观察之中。你的上司尤其看重你在会议中所做贡献的质量和数量。你如果在会议上表现良好，就会被贴上"有前途的管理者"的标签。一次会议既可以让你光芒四射，成为一个明星贡献者，也可以让你一败涂地。这都取决于你自己，真相是藏不住的。

同时，作为管理者，下属会通过你组织会议的方式评估你的信誉、能力、才智和总体的性格。

高效会议
MEETINGS THAT GET RESULTS

成功的管理者是那些知道如何有效地组织会议并能在会议上取得良好表现的人。彼得·德鲁克（Peter Drucker）曾说："会议是主要的管理工具。"鉴于管理者职业生涯的大部分时间都将花在会议上，管理者若想取得职业上的成功，必须学习如何从会议中获得最大的利益，以及如何确保自己所主持的会议取得预期的成果。

⚡ 节约时间

管理者如果能够高效地参与和召开会议，就可以节约多达40%的可能会被浪费的时间，从而可以利用节约的时间完成更多工作、取得更多成果，也能因此得到更多的晋升机会。但是，管理者如果不

前言 Preface

能在会议中出色地发挥作用，也就无法在管理方面取得成功。

本书主要讨论两种类型的会议。第一种是大家最为熟悉的小组会议，即小组成员出于各种原因聚在一起而召开的会议。第二种是一对一会议，即管理者与一个人或少数几个人进行谈判、面试、纪律处分、聘用、解聘、奖励、委派任务或执行其他管理活动的相关会议。

本书介绍了21种如何有效地召开、组织、协调会议的想法，这些想法源于我多年来对会议组织和协调的研究。当管理者开始将这些想法，哪怕是其中的一些想法融入自己的会议管理策略中时，他们就能够快速地提高自己组织和协调会议的效率，也会惊讶自己的进步如此之快。

目录
CONTENTS

第一章　会议的类型	/ 001
第二章　明确会议目的	/ 006
第三章　会议是公司的投资	/ 011
第四章　确定议程	/ 015
第五章　如何主持会议	/ 020
第六章　如何参加会议	/ 028
第七章　对策讨论会	/ 035
第八章　会议的决策模式	/ 045
第九章　会议中的问题	/ 052
第十章　会议效率低下的原因	/ 060
第十一章　一对一会议	/ 068
第十二章　任务委派会	/ 075
第十三章　外部会议	/ 082

第十四章	做好会前准备——内部会议	/ 090
第十五章	做好会前准备——外部会议	/ 097
第十六章	会议室的布置	/ 105
第十七章	在会议上做报告	/ 113
第十八章	提升自信	/ 124
第十九章	打破会议中的帕金森定律	/ 133
第二十章	提高会议效率的技巧	/ 139
第二十一章	会议的行为管理学	/ 145
第二十二章	总结	/ 149

第一章
会议的类型

国际商业机器公司（International Business Machines Corporation，简称IBM）的创始人托马斯·约翰·沃森（Thomas John Watson）表示，若想提高会议的效率，首先应该提前仔细地规划会议。

管理者要确定即将召开哪种类型的会议，再以最大限度地利用与会人员时间的方式组织会议。一些自发性和临时性召开的会议不会讨论出真正的想法，因为这些会议未经过特别的准备，亦没有明确的目的。

常见的会议类型有五种。虽然有些会议会兼具多个特征,但一般来说每种会议类型都有其独特的要求。

⚡ 信息共享会

第一种类型是信息共享会,即管理者以圆桌会议的方式召集员工共同核对任务的进度、共享信息。与会者的任务是向其他人介绍自己最新的动态。员工例会就是信息共享会的典型例子。

信息共享会是一种过程导向的会议。它不是针对特定的目的,而是一个讨论的过程,是一种非常重要的沟通手段。大多数接受采访的高管认为,信息共享会是组织中第二重要的交流形式。(最重要的交流形式是一对一会议。)

第一章 会议的类型

⚡ 对策讨论会

第二种类型是对策讨论会,以目标、任务为导向。会议的目的是找到某个具体问题的解决方案。这种类型的会议经常举行且基本都是临时、迅速召开的,时间长短取决于待解决问题的重要性和复杂性。

⚡ 运营会

第三种类型是将不同部门的员工召集在一起的运营会。这种类型的会议的目的是让公司各部门的代表了解公司的"大局"。

⚡ 委员会会议

第四种类型是委员会会议。这是一种定期召开的会议,且会议有标准的流程和议程。会上,委员会成员共同监督和审查任务的进度、计划、正在进行的活动,给予和接收反馈。

质量委员会会议或质量小组会议是委员会会议的一个典型例子。委员会的成员定期召开会议,回顾过去的工作,讨论他们可以采取哪些措施提高产品的质量,并提出相关的管理建议。

⚡ 教学会、培训会、研讨会

第五种类型是教学会、培训会或研讨会。这种

第一章
会议的类型

类型的会议旨在指导与会者了解一些新主题。例如，引入新设备、新技术，或者新项目启动时所召开的会议。

事实上，许多会议都包含了这五种类型的一些元素。但是，为了提高会议的效率，每位与会者都必须清楚将要参加的是哪种类型的会议。

第二章
明确会议目的

管理者若想提高会议的效率,应该首先明确会议的目的——召开会议的首要目的是什么?管理者应提前想清楚,究竟为什么要召开此次会议,谨防养成为了开会而开会的习惯。

管理者可以通过回答以下问题来明确开会的目的。

⚡ 明确会议的必要性

第一个问题是:这次会议是不是非开不可?是

第二章
明确会议目的

否还有其他可以实现目标的方法?有没有别的方式召开这次会议或者解决这个问题?如果此次开会的目的是共享信息,那么是否可以通过电话、电子邮件或视频进行?

请记住,如果没有必要开会,就一定不要开会,因为会议一定会浪费大量的时间。一旦浪费了时间,员工的士气和表现都会受到影响。

你一定要清楚如果没有召开会议,最糟糕的结果可能是什么。你如果发现什么都不会发生,或者可以通过其他的方式来处理事务,就应该提醒自己不要召开会议。

⚡ 明确与会人员

第二个问题是：谁必须参加会议？谁对本次会议绝对重要？谁对这次会议无足轻重且无须参加？邀请不需要参会的人参加会议是管理者常犯的一个重大错误，因为这些人不会在会议上贡献任何价值。

⚡ 明确参会原因

第三个问题是：会议的目的是什么？明确会议目的的方法很简单，管理者可以在纸上最多用 25 个字来对其进行定义。管理者如果无法做到这一点，那么很可能是不知道自己为什么要召开会议。

管理者可以问自己一个问题："这次会议如果进

第二章
明确会议目的

行得很顺利,将会取得什么成果?会发生什么?员工以后会做什么?"

管理者只有清楚地了解会议的目的和举行会议的原因,才能更容易地计划会议、制定会议议程和明确会议讨论的细节。

⚡ 努力解决已深入研究的问题

在某些情况下,管理者即使明确了会议的目的,也可能会发现会议并未取得有效的成果。原因之一可能是管理者没有准确地找到要解决的问题。

例如,就我所处的销售咨询领域而言,许多会议的目的是解决一个常见的问题:销售额太低。

我们常常会问:"还有什么问题?"

答案可能是"我们没有吸引足够的新客户。"

如果这是正确的答案,那么解决方案将是更改或改善广告和促销活动,从而争取更多的客户。

然后,我们会继续问:"还有什么问题?"

这个问题的答案可能是"与竞争对手相比,我们的销售额太低了"。

如果这是问题的真正含义,那么解决方案可能是改变我们目前所销售的产品、销售新的或不同的产品或服务、将销售活动瞄准不同的客户、降低我们的价格,使我们从竞争中脱颖而出。

我们的会议之所以卓有成效,是因为深入研究了需要解决的实际问题,而不是研究那些显而易见的表面问题。

第三章
会议是公司的投资

每场会议都会产生直接或间接的费用。每个公司都期望从投入的成本中获得一定的回报,并且回报应大大多于公司为举行会议而支付的费用。

如果有员工来找管理者,希望管理者批准他用几百美元购买某种机器或在某个项目上进行投资,管理者在批准前都会想确切地了解这笔费用能获得什么价值的回报,公司能从中得到什么好处。会议也应是如此。

高效会议
MEETINGS THAT GET RESULTS

⚡ 会议的成本

管理者召开会议时，必须意识到参加该会议的人员会耗费巨大的工资成本。计算会议成本的一种简单方法是用所有与会者的时薪总和乘以开会的时间（单位为小时）。如果这些人每年的收入为50000~100000美元，那么每位与会者的时薪约为25~50美元。如果邀请这些高薪人士中的10个人参加会议，那么一小时的会议成本可能高达500美元，甚至更多。想象一下，如果让你自掏腰包向每个人支付这笔费用，那么你是否愿意承担这样的开会成本？

因此，管理者要不断反思会议的花销是否合理。如果会议进展顺利且富有成果，能获得什么样的回

第三章
会议是公司的投资

报？值得花这笔钱吗？如果一些员工需要暂停手头的其他富有成效的工作来开会，那么会议必须比他们本来可以完成的工作更富有成效、更有价值。

⚡ 确保最大的投资回报

管理者要明确会前和会议期间需要做哪些事情，以确保实现最大的投资回报。作为会议的筹办者和组织者，管理者的工作就是提升会议的价值。确保会后与会者能说："这真是一次非常高效的会议，我的时间花得非常有价值。"

我最喜欢的时间管理法则之一是"排他性法则"。该法则指出，选择做一件事意味着同时选择不去做你可以做的其他事情。由于一次只能做一件事，因

此任何时候管理者只要决定了要做某件事（例如，参加会议），即便其他的事情可能会产生更高的价值，也要专注于做手头的事情。管理者要追求的是最高的时间投入回报，因此要仔细思考如何利用自己和所有与会者的时间，就好像自己需要按照与会者的与会时长支付他们工资一样。

第四章
确定议程

管理者若想有效地召开会议,首先要确定会议议程。召开会议时要向所有与会者提供一份书面的会议议程。无论是正式还是非正式的会议,无论会议时间长短,管理者常犯的最大的错误就是没有制定议程就召开会议。

在我职业生涯的早期,我需要定期和领导开会,有时候甚至每天都要和领导开会。但是我发现,即便有时候会议时长将近一小时,我们可能也无法就任何事情达成共识。我们俩对这种状况都不满意。

有一天，在未经任何培训或学习的情况下，我把想与领导讨论的事情列了一份清单，并把这份清单复印了一份带到了会议上。当我把这份清单递给他时，他十分高兴。

⚡ 提高会议效率

有了会议议程，与会者便能立刻讨论议程上的所有议题，并就将要完成或未完成的事情做出决定。这样一来，会议时间可以从一小时缩短为 20 分钟，便可大大地提高会议的效率。

从那时起，我的领导很乐意与我开会，因为他知道我们的会议非常有效率。后来，我被委以重任，并很快就在公司里得到了升职的机会。

第四章
确定议程

⚡ 制定书面议程

任何会议开始前都要制定书面的议程,即使是在会议开始前几分钟整理出来也可以。

议程内容的第一句话应当是对会议的目的的描述。如果管理者无法将其简化为一句话,这就意味着会议的目的不够明确。对于大多数(即便不是全部)与会者来说,这将是一次无效的会议,会浪费他们的时间。

但是,当管理者制定了书面的会议议程,议程的开头也阐明了会议的目的时,与会者就会迫使自己思考自己正在做什么以及为什么要这样做,也能更清楚地了解如何最好地处理议程上的每项议题。

⚡ 组织议程

按优先级和重要性的顺序组织所有议题。管理者可以问问自己:"如果我们在被打断前只能讨论议程上的一项议题,那么哪一项是最值得讨论的?"

会议从最重要的议题开始,可以确保能够讨论所有重要的议题。如果无法在会议结束前讨论完所有议题,可以将最不重要的议题留待日后的会议讨论。

如果可能,请在会议开始前的24~48小时以复印件或电子邮件的形式分发会议议程,这样能够给与会者更多准备和思考的时间。与会者如果在开会前已经做好充分的准备,就能在开会时发表自己宝贵的意见,从而提升会议的时间投入回报。会议越重要,管理者就越有必要提前分发会议议程。

第四章 确定议程

⚡ 谁应该参加会议

管理者应将出席会议的人数控制在最低限度。当我还是一位年轻的主管时，我觉得邀请所有人参加员工例会才能保证公平，才能使所有员工都认为自己是团队的一部分。一段时间后，我发现他们中的很多人并不想参加会议，我所践行的民主是一次失败的体验。

从那时起，我只邀请那些需要处理议程上议题的员工参加会议。团队其他人可以自行选择自己是否参加会议。

管理者要不断问自己：真正需要谁参加这次会议？谁可以做出贡献并需要参与决策或问题解决？谁需要这些信息，是否有更好的方式向他们传达这些信息？

第五章
如何主持会议

管理者主持会议的能力是管理成败的关键。主持会议的能力也是领导力的标志之一,组织当中的所有成员都十分清楚管理者主持会议的能力如何。正如彼得·德鲁克曾经写道:"会议、演讲和报告是高管的三大管理工具。"因此,管理者必须在这三个方面都表现出色。

第五章
如何主持会议

⚡ 清晰度至关重要

"清晰度"一词对于成功而言最为重要。一个人能否获得成功,95%取决于是否清楚地知道自己的目标是什么以及如何实现目标。

同样地,一个人95%的问题是由于思维不清晰。这就是为什么在制定会议议程时,最重要的是管理者首先用一句话写明会议目的。当所有与会者落座后,管理者可以说"我们今天召开这个会议是由于这个原因,也是为了实现这些目的"来宣布会议的开始。

⚡ 准备会议的开场白

一场会议的前5~7分钟是它最重要的几分钟。

开场白为会议奠定了基础和基调,明确了会议的讨论范围,并告诉所有与会者为何召开会议,会议会持续多长时间以及需要实现什么目标。

管理者甚至可以考虑逐字写出自己的开场白以便在会议开始时宣读。清晰的开场白能使一个不了解管理者或者不了解会议内容的人从会议开始就跟上进度。

会议时间要安排得清楚明确,让所有与会者都确切知道会议何时开始、何时结束。这一信息应该写在会议议程的顶部。此外,管理者在开场白中也需要重申会议的起止时间。

⚡ 准时开始

等待迟到的人是对准时到场的人的惩罚。管理

第五章
如何主持会议

者要假定迟到者根本不会出席会议，准时开始会议。这一条让我在担任管理者时受益匪浅。

如果某些与会者因为迟到而错过了重要的信息，那么管理者切勿重新开始或为他们回顾会议内容。迎合迟到者实际上是在惩罚守时的人。当迟到的人在会议上看起来有点无能时，他就明白下次开会要准时到场。

许多公司规定，如果定于上午10：00召开会议，那么10：01时会议室的门会从里面反锁。管理者只要这样做一次，就可以使所有与会者今后都能按时到场。

⚡ 阐明会议目的

如果会议的目的是解决问题，那么你可以说：

"我们今天开会讨论这个问题,并要就未来的方向做出决议。以下是这个问题的具体情况、目前我们所掌握的信息、考虑过的替代方案,以及所掌握的市场情报。接下来我们该怎么做?"

管理者要鼓励公开讨论。重要的是,邀请每位与会者都参与讨论。不仅要鼓励那些能够做出重大贡献的并且渴望发言的人表达自己的看法,也要鼓励那些沉默寡言、不太爱表达的人发表意见。此外,管理者也要积极听取那些不太愿意与强势的或自负的人抢话的人的意见。内向的人如果受到了鼓励,得到了发言的机会,也会为会议做出较大的贡献。

循环法可以使与会者在讨论中敞开心扉。作为团队的领导者,你可以在会议开始后,绕着会议桌走一圈,依次邀请每个人发言。作为会议的主持人,不

第五章
如何主持会议

要率先发言,要做到最后发言。在发言时,主持人可以先对其他人的发言做简要评论,再发表自己的意见,必要时可以再次绕会议桌走一圈。

这样的做法就像启动引擎。一旦会议的主持人绕着会议桌走一两圈,便会促使所有与会者都能发表自己的观点,贡献自己的想法。

⚡ 拒绝垄断话语权

最好的会议主持人不会主导会议,而是会鼓励其他与会者讲话。但通常来说,在会议上,主持人的发言时间占会议总用时的一半。他们说得越多,其他的与会者就越安静,参与程度就越低。一旦主持人主导了某一内容的讨论,大多数人就会对该主

题失去兴趣，想要回去继续工作。

相反，作为团队的领导者，你应该是会议讨论的促进者，因此要避免说教或占用讨论时间。你如果无法让所有与会者都贡献自己的力量，那么自然会倾向于越说越多。

⚡ 围绕主要议题开展会议

会议主持人的一项重要工作是使讨论的内容始终围绕会议的主要议题。主持人应坚持紧扣议程上的议题，避免偏离议题。

一旦会议开始讨论某个议题，请进行彻底的讨论。在开始讨论下一个议题之前，请先结束对已经决定的事情、谁将做什么，以及什么时候做的讨论。

第五章
如何主持会议

无法紧扣主要议题、不能立即结束某项议题是浪费会议时间的两大因素，也是与会者抱怨最多的事情。

主持人在每项议题讨论结束时以及在会议结束时要进行总结，列出并重申时间要求和实施计划，以及任务分配。然后，让所有与会者对已决定的内容和具体的任务分配达成共识。

主持人应在会议结束后的 24 小时内发布会议记录。会议做出的决定越重要，管理者就越有必要以书面的形式发布会议记录。这样一来，一旦任何人有问题，他们可以立即与管理者联系。如果没有问题，那么每个人都会接受并遵循此会议记录。

第六章
如何参加会议

出席会议的所有人，包括你的上级和下属都会认真观察你在会议期间的表现。作为管理者的你可能是会议的与会者，也可能既是主持人又是与会者。无论是哪种身份，你都扮演着具体而重要的角色。作为主持人，你会受到其他与会者的瞩目。但即使作为与会者，你也时刻受到关注。

多年来，通过观察、举办和参与数千次会议，我发现许多高管因为在与上级开会时高质量的投入度和参与度，使其职业生涯步入快速发展的道路。

第六章
如何参加会议

⚡ **快速晋升**

有一次,我主持了一个为期三天的战略规划会议,与会人员是一家在美国各地都有分支机构、公司市值超过10亿美元的公司的高管,其中的许多人已经在公司工作了二三十年。他们认为自己做这份工作是理所当然的,因此他们在开会前毫无准备,且未提前阅读和了解会议的材料。当所有人围坐在会议桌旁,一起讨论问题、出谋划策时,他们的举止似乎是在表明这样的会议有失他们的身份。

此外,一同前来参加会议的还有该公司的运营分支机构的两位高管,这两家分支机构距离公司总部有1000多英里(1600多千米)。这两位高管做了非常充分的准备工作。他们在整整三天的时间里,

对每项议题都发表了自己的评论、看法和建议。于是，会议室中的所有人都知道了，这两位高管不仅聪明博学，而且认真履行了自己的责任。

每场会议结束后，我都会和这家公司的总裁一起在酒店的花园里散步，评论和探讨会议中发生的事情以及每位高管所做的贡献。总裁对这些高管的较低参与度感到失望，但并不惊讶。同时，他也对两位年轻高管的活力和智慧感到惊讶和欣喜。

这次战略规划会议厘清了公司的价值观、目标和未来的计划。两周之后，公司在全国性的报纸上公布了这两位高管的照片和履历，以及他们晋升为公司的副总裁的消息。由于参加了这次会议，他们的事业发展加快了5~10年。

不久后，几位年长的高管宣告"退休"，这个消

第六章
如何参加会议

息对所有与会者来说并不奇怪。

⚡ 做好功课

与其他所有领域一样,有效参加会议的关键是在会议之前做好充分的准备,如深入调研、详细了解议题相关的材料。要让其他与会者明白,你为了这场会议做了充分的准备,甚至是比其他任何与会者准备得都充分。做好准备是专业人士的标志之一。

会议的主持人通常都是可以对你的未来产生重大影响的人,因此当你做好准备,能够就议程上的议题发表真知灼见时,你会受到这些人的赏识。如果你没有做足功课,所有与会者会立即发现。准备不充分常常被认为是对会议策划者和会议主持人的不尊重。

⚡ 尽早发言

会议的前 5~7 分钟很关键，在这一时间发言的人会对会议的结果产生最大的影响。如果你想树立团队中有价值的成员的形象，那么最佳方法不是发表评论或观点，而是向会议主持人或正在就自己的活动领域做报告的人提机智、正确的问题。

如果你在会议开始 15 分钟或 20 分钟后才发言或参与，那么你对其他与会者的影响会减少一半。如果你只在会议的最后时刻参与，那么除了你在公司的职位赋予的权力和权威，你几乎不会对会议的决策产生任何影响，其他与会者甚至会忽略你。

因此，你应该在会议最开始的 5~7 分钟提出问题、做出肯定的陈述或赞同别人所说的内容。

第六章
如何参加会议

⚡ 贡献自己的价值

当我召开员工会议时,某些团队成员一言不发,几乎没有贡献。我向这些人指出一个重要的事实:"不为会议做贡献的人往往会被认为无法做出任何贡献。在会议上一言不发的人也会被认为无法贡献有价值的观点。"每当我向团队中沉默的成员指出这一点时,他们都会立即提起精神,开始发表评论或提出问题。没有人愿意被同龄人视为无用或无关紧要的人。

所有与会者在参加会议时都要积极参与、积极发言,并恰当地使用肢体语言。当他人发言时,你要保持身体微微前倾、面带微笑,不时地点头以鼓励他人;同时密切注意发言的人,及时做笔记并与

他们进行眼神交流。向其他与会者证明这次会议对自己来说确实很重要。当做到这一点时,你会称赞会议的主持人,并把自己定位为一个重要的与会者,也会为其他与会者贡献自己的价值。

你在会议中的表现能够表明你是否具有领导者的潜质。有时,你在会议中的表现会引起关键人物的注意,以使你获得承担额外的职责和任务的机会。

第七章
对策讨论会

对策讨论会是一种最常见、最重要的会议类型。虽然一些方法能够显著提高对策讨论会的效率，但是大多数对策讨论会无法取得实质性的进展。与会者忽略了会议的目的是清楚地定义问题、找到所有与会者都同意的解决方案，然后采取行动。本章将介绍一些能有效组织召开对策讨论会的方法和建议。

⚡ 清楚地定义问题

令人惊讶的是,大部分情况下,所有与会者对正在讨论的问题有不同的定义,这样会浪费大量的时间。因此,管理者要在开会时首先问大家"到底要解决什么问题?"(用词很重要),然后清晰地把问题写在纸上,甚至是写在挂图上、白板上,这样每位与会者都能看清楚并牢记于心。

医学界流传着这样的一句话:"问题找得准,毛病治一半。"解决问题也是一样的。能够在第一时间准确地定义问题,解决问题时可以节省50%甚至更多的时间和成本。

第七章
对策讨论会

⚡ 还有什么问题

一旦与会者就问题的定义达成共识后,管理者就要继续发问:"还有什么问题?"如果发现问题只有一个解决方案,那么我们需要反思:自己是否确定了正确的问题?这真的是一个问题,还是一个机会?如果就某一个问题能够找出的解决方案越多,那么我们越有可能讨论出一个显而易见且切实可行的解决方案。

我听过这样一句话:"他跳上马背奔驰而去。"这句话非常恰当地描述了对策讨论会的特点,所有与会者能迅速达成一致,认为问题的第一个解决方案就是正确的解决方案。然而,最糟糕的事情就是朝着错误的方向去解决问题。

⚡ 不断提问

管理者要反反复复地问同一个问题:"还有什么问题?"然后,他会惊讶这样的做法能够产生多少个不同的答案。如今,这种方法已在全球大大小小的公司最高级别的对策讨论会上使用。

当所有与会者一致讨论出了需要解决的实际问题的最佳定义后,管理者要继续提问:"解决方案是什么?"有时,解决方案非常简单、清晰且显而易见。但无论大家提出的第一个解决方案是什么,它都只是一个可行的假设。这只是确定正确的解决方案的起点,绝不是终点。

如果某个问题只有一个解决方案,那么管理者要继续发问:"还有什么其他的解决方案?"

第七章 对策讨论会

⚡ 四种改变方式

经过多年的研究,我发现通常只有四种方法可以解决问题或扭转形式。

(1)多做某些事情。多做那些对自己有用的或者是能够取得最佳成果的、最具成本效益的事情。

(2)少做某些事情。少做那些无法获得想要的结果的事情。

(3)开始做全新的或完全不同的事情。例如,提供新产品或服务,设定新的价格或新流程,也可以使用新的销售和营销方法,还可以开发新的分销渠道或进军不同的市场。

开始做全新的或完全不同的事情是最困难的。正如马基雅维利(Machiavelli)所说:"没有什么事

情会比推行一种新秩序更困难、更危险。所有因其而利益受损的人都会抵制它，只有那些受益最大的人才会勉强支持它。"

但是，正是在推行新事物的过程中，个人及其职业生涯才会发生重大的改变和突破。那么，作为管理者你应该开始做哪些目前没有做的事情呢？

（4）完全停止做某些事情。每当遇到问题或困难时，你问问自己："今天正在做的事情中，有哪些是如果重新来过，我不会再做的事情？"

⚡ 设定决策标准

设定决策标准指的是要确定解决方案的边界条件。换句话说，就是要确定该决策必须完成什么，

第七章
对策讨论会

可以花多少钱，需要多少人和时间，什么时候需要解决这个问题等。花些时间设定这些标准，然后用这些标准来衡量每个可能的解决方案。

⚡ 数量决定质量

管理者要着眼于解决方案的数量而非质量，这就是所谓的"发散思维阶段"。发散思维要求对比尽可能多的备选解决方案，避免从仅有的一两个备选解决方案中，选择具有倾向性的一个。因此，管理者要不断地问："还有什么其他的解决方案？"

讨论出的解决方案的数量会直接关系到最终确定的解决方案的质量。在会议期间，关于解决方案的争论和分歧越多，与会者讨论出更高质量的解决

方案的可能性就越大。争执越少，就越有可能形成群体思维，选择一个所有与会者一致同意的解决方案。但在许多情况下，这会是一个非常糟糕的解决方案。

⚡ 检验自己的决策

一旦确定了一个解决方案，就用已经讨论出的边界条件对其进行检验，判断哪种解决方案最符合决策标准。这样一来，就可以把焦点放在问题本身，而非所涉及的人。管理者要时刻牢记，其所关注的应是解决方案本身而不是人。

经过详尽的讨论，才可以做出最佳的决策，而不是根本不做任何决定。同时，确保讨论出的解决

第七章 对策讨论会

方案是清晰可测的，且所有与会者已经达成一致的。解决方案最忌讳泛泛而谈。

一旦明确了问题的定义，也做出了最明智的决策（考虑了所有因素），就必须决定由谁来实施。也就是要指定特定人员来执行全部或部分的解决方案。

最后，为完成商定的任务设置具体的截止日期。

评估与监控

与会者在会议过程中就如何监督和控制决策的执行达成一致是非常重要的。你可能有过这样的经历，所有相关人员都聚在一起参加对策讨论会，经过大量的讨论，商定了解决方案，随即散会。然而几周后，大家再次开会时却发现决策的执行没有得

到任何的推进。为什么会这样呢?

这通常是因为所有的集体活动都涉及四种人,每个人、某个人、任何人和没有人。

"每个人"就问题的定义、解决方案,以及应采取的行动达成了一致。但是,管理者没有指定负责执行解决方案的"某个人"。因此,与会者认为,"任何人"都可以并且应该参与这项工作,这样一来大家都不担心任务无法完成。但是最终,事实证明"没有人"采取任何行动来执行商定的解决方案。

第八章
会议的决策模式

对策讨论会中应该实现的最重要的目标是所有与会者达成一致共识。如果没有达成一致共识,部分与会者自然会倾向于不支持该决定,甚至蓄意破坏。

达成共识的过程可分为三个部分。

⚡ 鼓励公开讨论

第一部分是公开讨论。如本书第七章所述,当召开对策讨论会时,管理者希望所有的与会者都能

贡献自己的意见和想法，因此所有的与会者都被要求、被鼓励为讨论贡献自己的意见。

公开讨论对于会议也同样重要。假如不组织公开讨论，容易出现以下这种情况：有人心里不同意该决定，即使表面上同意，也不会在行动上支持这一决定。

让所有与会者达成共识的最好方法是鼓励他们公开质疑或发表不同意见。有时，讨论的过程会因此变得异常激烈。即使别人不同意，部分与会者也拒不让步，坚持自己的观点。这是讨论过程中最自然最常见的情况。作为会议的主持人，你要做的就是允许并鼓励此过程持续尽可能长的时间。

在大多数情况下，鼓励公开讨论的效果十分惊人。如果允许与会者充分表达自己的意见，不管其

第八章
会议的决策模式

他与会者是否同意或接受他们的观点,他们都将会更加支持团队最终做出的任何决定。

不久前,我们受某个国家组织的总裁的邀请,帮其主持一个为期两天的战略规划会。为了生存并适应行业中发生的巨大变化,该组织需要进行重大的改革。但是其中的一位高管坚决反对在这一领域做出任何改革。他的权力很大,并且可能会直接导致公开讨论彻底的失败。

作为会议主持人,我鼓励他表达自己的意见,但他却大声疾呼,主导了会议的话语权。在第一天会议结束时,该组织的总裁把我拉到一边,跟我坦白说,她认为这样讨论下去不会有什么结果,这个关键人物的态度实在太消极了。但我告诉她不要担心。

第二天,我们从前一天没讨论完的地方继续讨论。我再次向所有的与会者指出:似乎大家普遍都同意采取这一新的行动方案,只有一位高管强烈反对。但令所有人惊讶的是,那位高管说自己前一天晚上已经充分地考虑过了,认为自己的想法不能紧跟当下的新形势。现在他彻底改变了想法,并宣布他完全支持这个新的行动方案。

⚡ 得出明确的决策

第二部分是得出明确的决策。但这一决策并非是民主的决策,而是协商一致的决策。

这意味着与会者中没有内讧,没有人不同意该决定。在会议上讨论各种可能性、各种备选的行动

第八章
会议的决策模式

方案,直到每个人都完全同意这一决策。所有与会者都对商定的决策感到满意。

这个过程需要会议主持人有超强的耐心,保持镇定、态度积极。根据我的经验,通常情况下,一场充满争议的会议在接近尾声时才会形成共识。

因此,会议的主持人要不断地提出问题,诱导与会者表达自己的想法和见解,同时围绕着会议桌来回走动,邀请其他与会者对此发表评论,但要确保讨论的过程自然进行下去。主持人要意识到如果自己能够保持冷静和积极的态度,与会者终会在某个时刻达成共识。每个人似乎都同意其他人的意见,没有进一步的争论或异议,讨论就自然而然地结束了。

⚡ 付出全部努力

第三部分是付出全部努力。这并不意味着与会者不再有问题或疑虑，但他们都会付出全部努力促使决策成功。所有人都支持决策，都在同一艘"船上"。

1944年6月6日，同盟国军队（以下简称盟军）从英国跨越英吉利海峡，抢滩登陆法国诺曼底。大家都知道或听说过在这之前召开的一次决定性会议。高级军事领导者为这次登陆计划了两年多的时间。为了这一天，盟军召集了三百万士兵驻扎在英国。

进攻的时间原计划定于6月5日，但就在那一天，英吉利海峡发生了一场风暴，如果这时数百艘船同时横渡会非常危险，根本不可能成功登陆。

那天晚上，天气预报员与盟军最高司令德怀

第八章
会议的决策模式

特·戴维·艾森豪威尔（Dwight David Eisenhower）将军会面，并告诉将军 6 月 6 日时天气会有短暂的好转。这是一次不可多得的好机会，但如果天气变化，机会很快就会错过。

艾森豪威尔考虑了所有信息，望着围坐在会议桌旁的其他将军，每个人都等待着艾森豪威尔能够做出最后的决定。最终，他下令："出发！"

从决定的那一刻起，任何人都不再犹豫。所有人都付出全部的努力，没有人退缩。正如我们所知，此次进攻大获全胜。这是历史上最伟大的共识决策之一。

因此，即使有人不完全同意某个决定，但在经过详细的公开讨论、做出明确的决策、所有人都全力以赴拥护决策后，最终会取得更好的结果。这才是领导力的真正体现。

第九章
会议中的问题

对策讨论会如果产生适得其反且令人沮丧的效果，通常有以下几点原因。如果管理者希望提高某些重要会议的效率，请小心并避免这些薄弱环节。

一些专家认为，基本上所有的会议都是对策讨论会。所有会议举行的目的就是确定行动方案、解决问题或困难，或者确定解决方案。如果真是这样，那么管理者每天将有50%~60%的工作时间用于召开这种类型的会议。因此，最重要的是管理者要意识到在会议中实现高效思考和良好决策会面临哪些问题。

第九章
会议中的问题

⚡ 群体思维

会议面临的第一个问题是群体思维。当团队倾向于快速得出结论，忽略了用不同的方法定义问题并制订解决方案时，就会发生这种情况。从会议一开始，这个团队就像"羊群"一样行动并且很快做出了草率的决定，而不是考量不同的决策。有时这被称为收敛思维，在这种情况下，团队会迅速得出某个解决方案，不会考虑更多的替代方案。

美国通用汽车公司（General Motors Company）的前总裁阿尔弗雷德·P. 斯隆（Alfred P. Sloan）意识到了这种危险。当他召集会议讨论并商定行动方案时，如果所有与会者似乎都同意某一方案，他会立即结束会议，暂时搁置讨论。

散会后,他会告诉与会的高管,如果所有人在讨论的初期就达成了共识,那可能意味着没有人真正对正在讨论的问题进行深入的思考。然后他会示意高管返回各自的工作岗位,并要求他们仔细思考会上讨论的问题,提出自己的问题和不同的意见。他坚持要求高管更加认真地思考会上讨论的问题,原因在于其根据自己的经验总结出:群体思维提出的解决方案总是比经过仔细考虑得出的解决方案更糟糕。

与会者需要反复地讨论复杂的问题及其解决方案,并仔细分析该解决方案的利弊。如果很快、很容易就讨论出了复杂问题的解决方案,并且所有与会者就此达成一致,那么这一解决方案很可能是错误的,与会者需要更深入地思考。

第九章
会议中的问题

⚡ 相处融洽的期望

对策讨论会面临的另一个问题就是与会者希望避免冲突,如与会者常说"我们不要争论、不要争辩"。

这样一来,与会者会认为,如果想要和睦相处,就必须互相配合。相较于彼此质疑和表达不同意见,与会者更加关心彼此之间的相处。在这种情况下,他们会认为避免冲突比解决方案的质量更重要,因而最终达成的都是次优的解决方案。

通常情况下,这种团队中的成员会认为任何解决方案都可以,并希望在一天或一周快要结束的时候,尽快达成共识,以便继续自己其他的工作。该团队只希望做出决策,而不是做出好的决策。他们

希望结束决策的过程,以便继续完成自己其他的工作;而不想花费精力去思考棘手的问题,从而讨论出最优的解决方案。

⚡ 说话更大声、语速更快

对策讨论会还面临的一个问题是团队的成员非常容易受到发言更多、发言更大声或语速更快的人的影响。权威型人格(或 A 型性格)的人通常说话更流利、口齿更清晰,也比其他人掌握更多信息、更有信心。这种类型的人可能会过多地影响群体中的其他成员。

因此,管理者应像乐队指挥一样,引导团队的其他人员,而不要主导会议的话语权。会议开始时,

第九章
会议中的问题

管理者要对所讨论的议题保持中立;但要让团队的其他成员表明各自的立场,并就此进行讨论,直到所有成员达成共识为止。

任何说话大声、语速更快、更有自信的人都会对其他的与会者产生更大的影响。一些人常用这样的方法将自己的个性和思想强加给他人。但危险之处就在于:如果说话声音最大的人恰恰是具有最大影响力的人,这就可能导致该团队做出糟糕的决策或非最佳的决策。

⚡ 控制

管理者可以使用两种策略控制会议的进程。第一,在会议开始之前管理者把说话声音较大的人叫

到一旁，告诉他们要给其他人发言的机会。第二，当某人开始通过声音较大、语速较快的发言来垄断话语权时，管理者可以说"这是个好主意，让我们听听其他人对此有何看法"。管理者通过鼓励其他与会者贡献自己的最佳想法，可以阻止说话更快、声音更大的人垄断会议的话语权，保证其他与会者发言的机会。

⚡ 决策中的政治

政治是导致无效决策以及会议中出现问题的主要因素。例如，拥有权力和权威的人在会议中威吓其他与会者；其他与会者都希望被最有权力的人视为具有团队精神的人，因此会赞同会议中最有权力

第九章
会议中的问题

的人的观点。

由于此类政治因素,与会者会赞同自己不太满意的解决方案。这通常会给组织带来最糟糕的决策。

一般得出问题解决方案的流程基本是相同的,即制定书面议程、给所有与会者说话的机会。管理者要在会议上鼓励安静的人充分表达自己的意见,并在有人发言时不允许其他人干扰。请记住,会议是管理者最重要的管理工具之一。管理者出色组织会议(取得成果的会议)的能力对其未来的职业生涯至关重要。

第十章
会议效率低下的原因

会议效率低下的主要原因是目标不明确、没有书面议程或议程所列的议题不明确,与会者不清楚为什么举行会议以及会议要达成什么目标。这就是为什么管理者应该在会议开始时宣布开会的目的以及希望实现的目标。

⚡ 不称职的会议主持人

会议效率低下的另一个主要原因是主持人不称

第十章
会议效率低下的原因

职。会议的主持人可能会犯一些错误，从而减弱会议的作用。这些错误有以下几种。

（1）会议开始较晚。有时候，主持人为了能够让迟到者参加会议，会推迟会议开始的时间。这样一来，准时参加会议的人每次开会时都需要等待迟到的人，他们认为这是浪费自己的时间，也开始在开会时迟到。久而久之，原定上午10：00的例会拖到10：30才能开始。因此，一旦确定了会议的开始时间，会议主持人就不要拖延。

（2）偏离主题。有时主持人不会过多发言，但放任其他与会者长篇大论，偏离会议主题。当主持人未能使团队的讨论保持在正轨上，导致偏离主题时，会议的效率就会降低。许多人喜欢发言，喜欢听到自己的声音，他们会频繁地谈论自己感兴趣的

内容，即便这些内容与会议主题毫无关联。在另外一些情况下，围坐在会议桌周围的与会者虽然都积极地参与了讨论，但都在兜圈子，没有商定出可行的解决方案。会议的主持人必须始终确保讨论不偏题并且能够及时地推进会议流程。

（3）主导讨论的话语权。会议不是演讲，如果大部分时间都是主持人在讲话，那么根本没必要开会。

（4）未能得出结论。有些会议效率低下的原因是该团队未能达成共识，得出结论。与会者的发言都是在兜圈子，不愿发表自己真实的观点从而商定出最终的结论。他们可能害怕犯错，也可能是担心自己没有足够的信息来做出正确的决定，或者担心如果决定不奏效，自己就会受到牵连。因此，会议

第十章
会议效率低下的原因

主持人必须有勇气督促大家共同讨论,得出结论。

⚡ 缺乏集体参与

如上所述,如果不鼓励其他与会者参与会议,那么会议就毫无用处。委派其他人员担任会议的主持人能够避免管理者垄断主导会议话语权,阻止其他与会者发表意见和想法。尽可能委派其他人担任会议的主持人,也是提高员工技能和培养其信心的好方法。

会议主持人的身份是一种十分有效的培训工具,能够使员工在团队成员面前有机会组织和呈现自己的想法。根据我的经验,当管理者委派其他人担任会议的主持人时,即使是初级职位的员工,通常也

会非常重视，并会在策划会议和准备议程上投入大量的时间、精力。另外，管理者通过委派其他员工主持、召开会议，也可以节省自己大量的时间和精力。

就我个人而言，在管理层的会议中，我每次都会委派不同的员工主持会议。无一例外，每次我都对会议的成果感到很满意。即使是说话声音较小、容易害羞的员工在主持会议时也被证明是出色的主持人。

⚡ 缺乏后续行动

有时，会议会讨论出一些很棒的想法，但是这些想法可能不起什么作用，因为管理者没有将想法落实，即谁将要做什么。会议的目的不是谈话，而

第十章
会议效率低下的原因

是为行动做准备。管理者的责任是确保会后采取相应的行动，此外，还要为会议做出的决定设定具体的绩效衡量标准以及任务完成的截止日期。

一直以来，我最喜欢的问题是："我们的下一步行动是什么？"也就是要明确我们现在要做什么，谁来做，什么时候做，以及如何衡量。

管理者的思路越清晰、思考越专注，越能针对讨论的每个议题得出清晰的结论，会议就会越富有成效、越有价值。这样一来，员工就会期待以后的会议，管理者的职位也会逐步升高。

⚡ 选择合适的场地

想象一下，你们在开会的时候（尤其是在公司

以外的其他场所），隔壁有一个摇滚乐队在排练（我曾经历过一次），又或者是会议室的音响很差、设备缺失，房间太冷或太热——这些只是一些后勤问题，却可能会损害会议的有效性。如果开会的地点是在公司以外的其他场所，请在预订之前仔细检查会议室的状况，避免选择靠近餐厅、娱乐场所或高速公路的地方。此外，仔细评估该会议室的布局、照明设备、音响系统和通风情况。有时候，你所预订的充当会议室的宴会厅的照明设备被设计成"KTV风格"，这意味着该宴会厅的光线太弱，与会者无法舒适地记笔记，也无法专注地听台上的人发言。这个时候即便向酒店方投诉，也无济于事。只能打电话给外部供应商，租用辅助照明和扬声器设备，因此你需要为创设合适的开会条件支付额外的费用。

第十章
会议效率低下的原因

  管理者一定要提前检查会议室，以确保其布局和设施符合自己的预期。在会议当天，至少要在举行会议之前的一小时重新检查会议室。在很多情况下，酒店的工作人员会告诉你该会议室一直在使用中，所以在会议举行的前一天无法检查其大致情况；并且大多数时间，酒店的工作人员在会议当天的凌晨1：00才能把会议室布置完毕。因此，你需要在1：00抵达会议室，确保其布置完全符合我们的要求。但几乎无一例外，酒店的布置不会达到你的要求。(在本书第十六章，我将详细论述后勤的重要性。)

第十一章
一对一会议

员工与领导说话的自由程度与员工的生产力和创造力有直接的关系。员工越能自由地与领导对话、表达他们的想法和意见，就越能放松、自信地工作，就会做得越好。

管理者和员工之间培养友好感情的唯一方法是在放松和充满支持的环境中进行定期的交流。对于管理者来说，一对一会议是为员工营造高效工作环境的最好方式，没有比这更有效的方法了。

第十一章 一对一会议

⚡ 目标设定与审查

卡麦隆·赫洛尔德（Cameron Herold）在《倍数奇迹》（*Double Double*）一书中将一对一会议称为"目标设定和审查的会议"。这一描述非常准确。管理者每周与每位团队成员见面时，就有机会讨论成员的目标和活动，了解他正在做的工作及其进展。

这样的信息共享会也是一次教与学的机会，使管理者能够为团队成员提供帮助和指导，帮助他们发挥出自己的最佳水平。

英特尔（Intel）公司的创始人安迪·格鲁夫（Andrew Grove）曾写道，一对一会议是管理者最重要的工作之一。他认为经理应该每周与每位直接下属举行一次时长为一小时的一对一会议，并指出

任何一位经理的下属都不应超过 12~15 人，否则他所有的时间都会被这些会议占用。

与其他类型的会议一样，若想有效地召开一对一会议也需要制定双方都必须遵循的书面议程。该议程由团队成员准备，需要列出会议中要讨论的团队成员职责范围内的议题、关注点或问题，还包括团队成员正在进行的项目或活动，以及进度报告。

⚡ 提问并认真聆听

召开这类会议的最好方法就是提出好的问题，然后认真倾听对方的回答。在员工需要知识和智慧时，管理者往往无法克制自己，第一时间就积极地贡献自己的知识和智慧，这是管理者共同的弱点。

第十一章 一对一会议

管理者应该抵制这种诱惑,从"进展如何"等问题开始引导员工思考。

有这样一句谚语:"谁会提问,谁有控制权。"管理者要向员工提问以如何、何时、谁、哪个等开头的开放性的不能用简单的"是"或"否"来回答的问题。提出这些问题时给员工提供了针对该话题敞开心扉详细论述的机会。

当员工面临问题或困难时,管理者可以提出的最有力的问题之一就是:"你认为应该怎么做呢?"

⚡ 避免帮员工做决定

当管理者向员工提出意见并告诉他们应该怎么做时,实际上是在让员工依赖自己。如果员工并没

有征求建议就采取行动，他们会感到不舒服和不安全。

⚡ 激发出员工的最佳想法

相反，管理者要不断地问员工："你认为该怎么做？"令人惊讶的是，许多员工其实已经决定了要做什么，只是并不完全确定自己的决定是否正确。当员工说他们认为需要做什么时，管理者可以告诉他们自己认为这是一个很好的主意。如果有必要，管理者也可以建议员工做一些其他的事情。

一对一会议的最佳时长是 60~90 分钟。此外，即便每周都在特定的日期、特定的时间举行会议，也要提前做好安排。开会期间，双方都要关闭手机，

第十一章
一对一会议

或切换至来电等候模式,并将电脑调至静音状态,避免受到任何电子设备的干扰。

如果一对一会议中的两个人分别坐在会议桌相邻的两边,而不是隔着会议桌相对而坐,能够有效地提高会议的效率。会议双方隔着会议桌相对而坐,感觉像是隔着一道无形的屏障。在会议开始之前,如果管理者为员工倒了一杯咖啡或一杯水,就会对会议的气氛产生惊人的积极影响。

正如安迪·格鲁夫所说,作为一名管理者,最重要的职责之一就是最好每周与每位下属进行一次一对一、面对面的会议。

我在一家集团工作时的领导对我的职业生涯产生了极大的影响。那时候,我总是工作到很晚,经常是总部200位员工中唯一一个工作到下午6:00

的人。碰巧的是，领导也经常如此。

一天晚上，他看到我办公室的灯还亮着，就打电话给我，邀请我到他的办公室聊天，我欣然前往。那次的邀请让我与他建立了良好的关系。从那以后，我几乎每天晚上都加班到很晚，领导每周有四五天会邀请我去他的办公室讨论 30~60 分钟。那些晚上的会议是年轻的我在职业生涯中最美妙的指导经历。领导花时间与我交谈并分享他的想法，也帮助我在后来的职业生涯中取得了重大的进步。

管理者也可以对下属做同样的事情，今天就决定并安排与每位直接下属进行一次一对一会议吧。实际上，管理者也应将与下属进行一对一会议添加至自己的优先事项列表中，并使其成为作为管理者和个人所做的最重要的事情之一。

第十二章
任务委派会

管理者取得成功最重要的技能之一就是用正确的方式将任务委派给合适的员工。因此,一对一会议或小组会议就成了其最重要的工作之一。

管理者若能有效地召开任务委派会,就可以使自己腾出大量的时间完成更多富有成效的且只有自己能够完成的工作。

管理者若能有效地给员工委派工作,就能够充分发挥自己的作用,提升自己对公司的价值。管理者如果缺乏有效委派工作的能力,就会发现自己无

法晋升到更高的管理职位，也无法肩负更大的责任。

⚡ 起点

管理者委派工作前，首先要仔细研究自己的工作，明确自己到底需要完成什么工作，达到什么标准，以及完成日期。

一般而言，一份简单的工作不需要一个很有经验和价值的员工来做。管理者要根据员工的知识、技能和时薪给他们委派任务。

⚡ 选择合适的员工

一旦确定了需要完成的工作，管理者就需要选

第十二章
任务委派会

择合适的员工来完成,并安排与该员工开会。管理者要确保工作的要求与员工的能力相匹配,当把工作委派给合适的员工后,自己就可以将精力集中在其他更重要的事情上。

管理者交付给员工的责任越大,员工就会变得越强大、更积极。当管理者与员工开会并全权授权他负责某项工作时,这种责任就成为该员工绩效的主要激励因素。

⚡ 清楚说明

管理者应当向员工清楚地说明想要其做什么——如何做、做什么、为什么做这项任务。同时,清楚地说明想要的成果和结果,且确保结果是可测量的。

管理者要在一对一会议中与员工就上述信息进行讨论。在开始执行任务之前，员工与领导讨论工作的机会越多，会越加专注于按照要求的标准和时间完成任务。员工谈论任务的频率与他们对这项工作的了解程度、接受程度和专注程度存在直接的关系。

员工和团队成员讨论工作的机会越多，就越能内化对这项工作的所有权，越会把完成这项工作看作个人的事，而不仅仅是对公司有帮助的事。

明确任务

管理者在解释了需要完成什么工作、何时完成、以什么标准完成后，要请员工用自己的话再复述一

第十二章
任务委派会

遍。在委派工作时,管理者切勿假设对方完全理解自己要他做什么。

这是我还是一位年轻的管理者时得到的教训。当时,虽然我已经明确地将某项工作委派给某位员工,但他要不做得不好,要不就是根本没有完成。后来,我才知道这是由于散会时,员工并不确定自己需要完成的确切工作是什么。这就导致他们工作起来毫无头绪,甚至待在原地什么也没做。然而,令我惊讶的是,即使经过 30~60 分钟的交谈,还会有将近一半的员工听错或记错了我刚才所说的内容。

因此,从那以后,我学会了总是要求员工把任务的内容用自己的话复述一遍,以确保其对任务的理解与我要他们做的一致。

高效会议
MEETINGS THAT GET RESULTS

⚡ 设置截止日期和时间表

一旦管理者和被委派的员工明确了要完成的任务，就要为每项任务设置明确的截止日期和次级截止日期。没有截止日期的任务只是一次未做出决定的讨论。

请记住，委派工作不是让管理者撒手不管。即使管理者指定了某位员工完成这项工作，仍然要对该工作是否按计划正确完成负责任。

此外，管理者要设定进度报告时间表。这种报告可以是每周一对一会议的固定环节，也可以是当面汇报，或通过电子邮件汇报。当员工知道需要定期与你会面并讨论工作进展时，他们更有可能按时完成工作，这不仅对公司有利，而且对他们自己也

第十二章
任务委派会

有利。

最后，一旦将某项工作委派给了某位员工，管理者就要表示对该员工充满信心，告诉他们自己相信他们能够出色地完成任务，期待看到一切进展顺利。管理者对员工充满信心的期望是促使员工出色工作的最强大的动机之一。

管理者表达对员工的信心能够激励员工接受任务，并发自内心地想要出色地完成任务。管理者如果能够有效地召开任务委派会，也十分确信工作会如期完成，并能达到自己的预期，便能把注意力转移到其他事情上。

第十三章
外部会议

在管理者的日常工作中，有许多会议的召开地点并不在自己的办公室，而是在自己办公室之外的其他场所，例如，客户、供应商、银行、律师和会计师的办公室或自己公司的分支机构，举行商务会议。在这些情况下，管理者虽然无法控制环境，但必须控制任何可控的其他因素。

正如计划和准备内部会议一样，外部会议也一样需要准备和计划，甚至需要计划和准备得更为充分。一定要提前和安排会议的人共同确定会议的目

第十三章
外部会议

的。我有时会说:"我知道您很忙。但为了确保我们能够充分地利用时间,我们需要花几分钟时间把这次会议希望实现的目标达成一致。"

⚡ 提前弄清楚

不要让自己陷入这样困窘局面:在去所在城市的某个不熟悉的地方或另一个城市参加会议时问对方:"我们来这里的目的是什么?"

在参加任何的外部会议之前,你都要打电话给会议的主办方,询问开会的原因。这样你就可以充分准备自己需要的所有能够提高会议效率的东西——阅读相关的信息,带上必要的材料。请记住,外部会议,特别是需要出差的会议,会消耗你

大量的时间。

⚡ 重申开会的目的

当外部会议开始时,会议的组织者要重述会议的目的,以便所有人都能就此达成共识。当我参加外部会议时,我经常会问这样一个问题:"在会议开始之前,最好先告诉我您希望我们在这次会议上达成什么目标。"

前段时间,我飞往芝加哥参加了一个为期一天的会议。会议的目的是讨论新产品,以及就支付给哪一方多少钱和原因进行谈判。我在会议的前一天晚上到达芝加哥。第二天,我们计划在6~8小时内针对几页的议程和合同条款进行讨论。

第十三章 外部会议

我做好了最充分的准备,提前列出了我认为对方在谈判中想要实现的所有目标的清单,也列出了我想要实现的所有目标的清单。

⚡ 定义完美的结果

会议的地点在对方公司的会议室。上午9:00,双方落座后,我告诉了他们我所做的准备工作,并询问道:"如果这次会议的结果是完美的,您希望实现什么目标呢?"

对方原以为此次会议会是一场漫长而复杂的谈判。但是,当我问他们这个问题时,对方立即敞开心扉,告诉我他们的处境以及想要实现的目标。我将他们的要求与我列好的清单进行了比较,发现

我们只有三四个地方有分歧，其他所有目标都是一致的。

因此，我们没有去研究冗长的合同条款，而是围绕那三四个有分歧的地方进行谈判，并迅速就这些分歧达成协议。不到两个小时，谈判就成功结束了。我们签订了为期多年的协议，这份协议也是我们双方开展大量其他业务合作的基础。

⚡ 物理环境

当在其他人的办公室开会时，管理者要尽一切可能控制物理环境。在选择位置时，坐在靠墙而非靠门口且能直视要见的关键人物的位置。同时做好准备，展示出自己的专业和干练，认真对待

第十三章
外部会议

会议。

在管理者的生活和职业生涯中，一些最重要的会议往往是在其他人的会议室或办公室里召开的，有时还会在距离自己的"主场"很远的地方。管理者为这些会议做充分准备的意愿和能力会对其未来的职业生涯产生重大影响。

⚡ 确定时间

管理者还要与对方就会议的时长达成一致："让我们商定好会议的结束时间。我估计可以在 11：30 之前结束这次会议。您同意吗？"

一旦双方就会议的结束时间达成一致，就会只在必要的情况下超时。但是设定具体的结束时间是结束会议的"强制机制",这与帕金森定律[1]正好相反。

还要避免偏离主题。即使你不是会议的主持人,也应尽量避免使讨论偏离到其他主题。有时候,当与会者开始讨论其他的话题时,我会微笑着说:"让我们回到正题……"。这可以使与会者重新讨论刚才的主题。

⚡ 要求结束

对每一项议题做一个总结,然后继续讨论。在

---

[1] 是职场中官僚主义或官像主义现象的一种别称,也可称为"官场病""大企业病"。指在行政管理中,行政机构会像金字塔一样不断增多,行政人员不断增多,但组织效率越来越低下。——译者注

第十三章 外部会议

会议结束时，都要总结每位与会者将要做什么、何时完成、达到什么标准，然后要求结束会议。

此外，每次会议都要做好完整的笔记。权力总是掌握在善于记笔记的人手中。很多时候，与会者经常会忘记会上达成的共识是什么，因此做了详细笔记的人对后来将要发生的事情掌握了相当大的权力。

在管理者的职业生涯中，许多最重要的转折点将取决于其在他人办公室里举行的会议上做了什么、没做什么。管理者为这些会议做充分准备的意愿和能力会对其未来的职业生涯产生重大影响。

第十四章
做好会前准备——内部会议

管理者对小型或大型小组会议地点的选择是会议能否成功召开的关键因素。多年来,我主持和参与了超过5000场大大小小的演讲和研讨会,观众最少的有7人,最多的有25000人,并从中学到,事前的适当准备能够避免不良表现。

似乎在生活的方方面面都是如此,例如,演讲、开会、出庭日、销售演示等,成功与否90%取决于个人的准备情况。

第十四章
做好会前准备——内部会议

⚡ 过度准备

一位富有而成功的律师曾经让我为他代理的某个案件作证。他给了我一个装满文件和证词的盒子，问我能否快速浏览这些文件，以了解他们会问我什么问题。

我向他保证，会仔细阅读盒子中的所有资料、认真做笔记。我告诉他，我认为一定要过度准备。

他会意地笑了笑，说了一句我永远不会忘记的话："我不认为会有'过度准备'这样的说法。"

但是，管理者应该用过度准备的精神安排每次开会的设施。

苏格兰诗人罗伯特·彭斯（Robert Burns）曾说："不管是人还是动物，即使做了最好的安排、计

划，结局也往往不如意。"也正如中国古话所言："智者千虑，必有一失。"

当我们假设会议室会被布置得恰到好处的时候，往往就会出现这样那样的问题。很快，你就会发现空调坏了，照明设备无法正常工作，头顶的投影仪和计算机也未连接成功，或者没有足够的椅子供与会者就座。

避免这种情况的关键是要始终准备过度。

⚡ 从会议室开始

当举办任何形式的公共研讨会时，管理者要做的第一件事就是找到合适的会议室。多年来，即便在大城市中，我也多次因为找不到满足自身需求的会议

第十四章
做好会前准备——内部会议

室,不得不推迟甚至取消研讨会。因此,只有确定了会议室之后,我才会启动研讨会的筹备和营销工作。

在准备内部会议时,管理者的首要任务是检查所需的会议室是否可用。如果选择在一间较大的办公室召开会议,那么最糟糕的事情就是与会者同意在某一时间开会后,发现当时唯一可用的会议室被其他人占用了。

管理者要确保负责协调会议室的人员知道你将在某个时间使用某间会议室,并确保没有重复预订。彼得·德鲁克曾说:"错误的假设是所有失败的根源。"

亲自检查

管理者要亲自检查会议室,确保其具备满足召

开所筹划的会议所需要的一切设施和条件。

清单可能是有史以来最好的会议管理工具之一。会议管理清单以书面的形式、按从第一步到最后一步的顺序列出了在某一时间召开某一会议的具体步骤和要求。因而，它被视为会议的行动方案，每位筹备会议的人员都需要严格地遵守方案的规定，共同承担责任，确保会议顺利进行。

为了确保会议的有效性，管理者要充分考虑会议室的布局，安排足够的桌椅和其他必要的设施。这样可以使与会者能够舒适自在地开会，不受会场环境的干扰。这样一来，与会者就可以完全专注于会议的议程，而不会因为空调系统损坏等意外问题分心。

我最喜欢彼得·德鲁克的另一个观点："公司最

第十四章
做好会前准备——内部会议

有价值的资产是高管的思考时间。"

管理者带领几位员工在会议室开会时，实际上是将他们的大脑和表达想法的能力带进了会议室。管理者希望确保没有任何障碍能阻止所有与会者充分发挥自己的最佳思维。

⚡ 会议准备

首先，管理者要确保会议室有适当的照明和通风。根据人体工程学的研究，20℃是会议室最理想的温度。正如计算机中的微处理器在适当的温度下才能发挥最佳的运行状态一样，对于商务人士而言，20℃是最适宜大脑思考的温度。

其次，管理者要考虑会议室的布局。在我参加

过的组织最好的会议中，每位与会者都有自己的名签。这些名签分别放置在每位与会者即将落座的某个位置。主办方已花时间仔细考虑每位与会者左右、对面的人员是谁，以及每位与会者应与会议的主持人保持多远的距离。你也应该这么做。

再次，切记提供咖啡和其他适当的茶点，特别是时间超过一两个小时的会议。管理者一定不希望与会者在办公室里到处找咖啡，并把咖啡带进会议室中，这样与会者的面前就会有屏障。饮料和食物应该放在会议室的后方，或者放在会议室的门口，这样与会者不需要走很远就能拿到饮料和食物。

最后，尽可能避免外部干扰。在会议进行的过程中，请勿让任何人进场和打断发言。请准时开始会议，在约定的时间关上门，宣布会议开始。

第十五章
做好会前准备——外部会议

管理者需要掌握的一项重要的技能是能够在办公室以外的房间组织召开会议,并能够协调其他会议设施。

在涉足管理岗位之初,很少有管理者能够意识到自己未来职业生涯中最重要的任务之一就是组织重要的会议。这种责任常常出乎意料地就落在了管理者的身上——当领导决定组织公司的大型会议、研讨会、讲习班或其他需要召集很多人的会议时,他问你是否愿意"负责这件事"。

高效会议
MEETINGS THAT GET RESULTS

⚡ 会议组织的是好是坏？

当我担任经理一职时，参加了数百次遍及全美国甚至世界各地的各种规模、各种质量水平的会议。因此，我便有机会充分地了解组织有序的会议和计划不周的会议的个中缘由。

当我开始筹办自己的研讨会时（目前已在全球举办了超过 1000 场），对在承办大型、小型会议时租借设备的复杂性又有了新的认识。

最终，我编写了一本多达 104 页的工作手册（或称清单），以确保一场大型会议的每一个必要的细节都经过深思熟虑、检查、复查。会议有时会影响到我的生计，如果召开一场公开推广的研讨会却不能收回成本，这就会给一家小型企业带来灾难性的后

第十五章 做好会前准备——外部会议

果。因此，我阅读了有关如何正确召开此类会议的所有资料。

⚡ 研究合同

管理者要记住一点：与自己对接的酒店或研讨中心的工作人员并不是自己的朋友。他们参加了一些课程，学习如何在讨论的全过程中保持微笑、态度温和。但是他们所做的一切都是为了与你签订合同，要求你为使用他们的会议设施支付尽可能多的费用。

让我们从合同开始谈起。合同是宴会或会议行业办事的依据。这是酒店运营中铁板钉钉的协议，酒店的工作人员希望你尽快签署该协议。为了避免

出现变数，他们还会要求你支付一笔违约不予退款的巨额保证金。

无论与酒店对接的人是你还是其他同事，都应该阅读合同的所有条款。合同的每一段几乎都有陷阱，会导致你要承担额外的费用。请记住，他们只有一次开价的机会，因此他们将尽一切可能，用尽各种方法从你身上赚更多的钱。

酒店常用的从客人身上赚钱的方法是建议他们预订最少的间夜量❶。但管理者要不惜一切代价识破这种策略。在必要的情况下，管理者也可以预订最少的间夜量但要求在会议临近时有权增加间夜量。

---

❶ 也叫间夜数，指酒店在某个时间段内，房屋出租率的计算单位。——译者注

第十五章
做好会前准备——外部会议

酒店收取超额费用的另一种方法是出售超量的茶点。因此，管理者要提前预订最少的茶点，并要求在接近会议日期时有权增加茶点的数量。

⚡ 亲自检查会场

管理者切忌只是通过电话预订会场，并且认为一切都会井然有序。为了不留任何漏洞，管理者一定要亲自前往会场或酒店，检查会场的每一个角落。看看会场是如何布置的，是否有什么东西阻碍了视线，例如，杆子和柱子等。还要了解开会时隔壁房间的情况：开会时隔壁房间的用途是什么？会有多少人出席隔壁的会议？隔壁的房间会发出什么样的声音？

有一次，我们租了一个可容纳400人的大宴会厅，它配有桌子、椅子、舞台、音响系统和讲台。但我们并未被告知当天晚上隔壁会场被租来举行一场盛大的婚礼。其招待会从下午5∶00开始，但乐队却于下午2∶00开始装配设备并开始排练。

还有一次，我们在举行商业研讨会，而隔壁却有一个摇滚乐队在全力练习，声音大到几乎要把我们从椅子上震起来。当我们向酒店投诉时，酒店的工作人员无辜地笑了笑，并告诉我们他们无能为力。似乎酒店方不知道我们需要一个安静的环境来举办商务研讨会，以使与会者听到演讲者的发言。

又有一次，我们在市中心的一家酒店组织了一个约100人的晚会。酒店的工作人员没有告诉我们这里隔音很差，而旁边正是一个喧闹的夜总会。该

第十五章
做好会前准备——外部会议

夜总会在晚上7：00的开场秀请了一支摇滚乐队表演，使我们不得不大声喊出自己想说的话，让自己的声音在嘈杂声中被人听见。

⚡ 三大问题

在任何形式的会议或活动中，有三个方面最有可能出错，依次是：音响、灯光和空调。为了防止这三个方面出现问题，管理者一定要提前检查。

首先，请彻底检查音响系统，确保与会者可以从会场的每个位置清晰地听到声音。

其次，检查照明。确保有足够的光线供与会者做笔记。在商业研讨会上，要确保进行演讲时有适当的灯光。最重要的是，确保舞台上和演讲者的面

部有足够而不刺眼的光线。

最后,检查会场温度。空调不足会毁掉一场大型会议。我的一些朋友在美国各地举行研讨会时都会在合同中写明,房间必须保持在20℃,否则不予支付场地租金。

没有什么比为公司或部门组织一场出色的商务会议更能让你得到上司的赞扬和尊重的了。和我共事过的许多人都反馈说,在组织了一次出色的会议后,他们得到了晋升、获得了更高的薪酬,并迈入了职业生涯快速发展的轨道。

第十六章
会议室的布置

会议室的布置会对会议和报告的效果产生重大影响。当管理者主持一场小型会议时,如果会议室放置了一张圆形或矩形的桌子,请务必选择面对入口的位置就座,这样开会时能够与与会者面对面,也能使早到的与会者背对着迟到的人并免于其他干扰。这个位置是"权力位置",管理者坐在这个位置可以从视觉上控制整个会场。

对于会议的与会者而言,权力位置是靠近并面对主持人的位置,这样可以与最重要的人进行眼神

交流，也可以看到整个会场和入口。所以，应尽早到达会场，确保可以占据一个最好的位置，即可以对会议组织者（通常是领导）和其他与会者产生最大影响的位置。

⚡ 选择最佳位置

如果是 15~25 人的中型会议，最理想的布局是放置一张马蹄形的长桌或方桌，以确保团队成员能够最大限度地进行眼神交流和轻松的互动。条件允许的情况下，召开大型会议时，我都会要求将会议室布置成这样。每次开会时，不论是作为会议的主持人还是参与者，管理者都要尽量坐在"最佳的位置"——面对入口的位置。

第十六章
会议室的布置

⚡ V 字形布局

在布置会场的椅子和桌子时，要尽可能地使与会者可以看到彼此的脸，而不是后脑勺。令人惊奇的是，如果与会者稍微转一下头就能看到房间里超过一半的人的面孔时，他们很快就会变得活跃起来，也能够放松下来，主动而友善地与他人交流。

一种适用于大型团体会议的布局是"V字形"布局。即将会议室所有的椅子排列成 V 字形，这样与会者落座后既能够从一侧同时看到主持人和舞台，又能从另一侧看到其他的与会者。尽管与会者不转身无法看到所有其他的人，但能够与许多人进行眼神交流。他们可以看到其他与会者微笑、点头、大笑、拍手或其他任何参与会议的方式。这具有事半

功倍的效果，也能够影响和带动其他与会者的参与。

⚡ 剧院式布局

对于大型会议而言，最无效的摆放椅子的方式是"剧院式"布局。在这种情况下，所有与会者都面朝前就座，除了坐在第一排的人之外，所有与会者都只能看着前排的人的后脑勺。然而，对于大型会议来说，这种布局是不可避免的，但是如果你希望所有人能放松地沟通、将情感和智慧都投入到会议当中，这并不是最佳选择。

当你举办一个大型会议时，准备再多也不为过。因为大部分人在面临重大的事情时，很容易受到感情和他人观点的影响。尽早到达会场，趁还没人的

第十六章
会议室的布置

时候在会场里四处走走。如果有任何不满意的地方，请务必立即进行更改。不要害怕说出来。

⚡ 对街说话式布局

当举办研讨会时，我希望能够离坐在前排的听众更近些，甚至从舞台边缘伸出手可以触摸到他们。但由于某种原因，酒店通常会在舞台和第一排听众之间留出 6~9 米的距离。这使得演讲者很难与听众迅速建立起融洽的关系和信任。我将这样的会场布置方式称为"对街说话式"。

每当走进会场看到这种布局时，我都会立即并坚持要求酒店找到尽可能多的人，将最后一排的椅子搬至第一排前面的空位。当然，酒店的工作人员

一定会拒绝，他们不想改动任何布置或付出任何额外的努力。管理者的工作是坚持要求酒店完全按照预订会场时的要求改动现场的布置。

特别要指出的是：预订会场时，请与主办方坐在一起，在纸上画出会议室布置示意图，标出自己理想的桌椅相对于舞台的准确位置。请记住，布置会场的人不一定能听懂你的语言，也不在乎会场的布置是否与合同的约定一致。他们经常通宵达旦地布置会场，在你到达会场时早就下班了。这没有对错，但事情就是这样。

⚡ 避免分心

如果会场的窗户是向外敞开的，一些事项需要

第十六章
会议室的布置

特别注意。管理者应该拉上窗帘或以某种方式遮住窗户，这样与会者就不会看到外面经过的人和汽车，不会受其干扰。确保会场没有大窗户，否则与会者只会关心酒店旁边或者演讲者身后美丽的风景、吸引人的景色和酒店举行的一些活动。这种干扰可能会分散听众的注意力，使会议效果大打折扣。

有一次，我参加了一场在佛罗里达州一家酒店举行的研讨会，我是四位演讲人之一。除了位置之外，会议室的各个方面都很完美。该酒店有一个奥运会规格的游泳池，而该会议室恰巧有一部分突出在主建筑之外，仿佛悬空在游泳池的上方。演讲台在一扇窗户前面，从窗户可以直接俯瞰下方的游泳池。酒店拉开了窗帘，会议室各个位置的光线都十分充足，但很难看清楚演讲者的脸。最糟糕的是，酒店正在举行一场大型的比赛,至少有 50 名参赛者正在会议室的两侧和演讲者后面的泳池中嬉戏。

研讨会的演讲者就是在这样的背景下发表演讲的。但他们宁愿待在自己的房间里,对自己演讲,因为当时根本没有人关注他们。但在我开始演讲之前,我要求酒店工作人员拉上了三侧的窗帘。于是,演讲者第一次吸引了全部听众的注意。我永远不会忘记那次的经历。

第十七章
在会议上做报告

做报告是高管最重要的工作之一。如果管理者的演讲准备得足够充分,一场报告可以让许多人改变主意,甚至让许多公司改变自己的策略。做报告也是管理者展示自己的能力、准备、知识、专长和对自己学科的掌握程度的机会,因此管理者要抓住机会做出精彩的报告。此外,做报告也会潜移默化地影响管理者的未来,因此管理者要做好充足的准备,不能只靠运气。

⚡ 演讲的目的是说服

有人说，相较于其他的因素，语言艺术对人类命运进程的影响最为深远。因为听了演讲者的演讲，听众会产生不同的思考、感受、行动。

报告也可以被视为演讲或演说，只是听众群体有所区别。管理者演讲时，首先要讲几句开场白为自己的演讲作铺垫、吸引听众的注意力并为自己的演讲指明方向。同样地，当管理者开始做报告时，会议室里的所有听众都应该知道他将要谈论的内容。

管理者应分段展开论述，一次只论述一个点，每论述完一点后都要有逻辑性地引出下一点，并尽量多用例子和插图来证明自己的观点，使听众理解得更透彻。

第十七章 在会议上做报告

⚡ 需要完成的工作

每次演讲或报告都有需要完成的工作。做报告的目的就是达成某种形式的交易,是让听众能够根据演讲者的建议采取行动。他们如果没有听过这个发言,就不会采取相应的行动。

演讲者要逐字准备开场白,然后对着镜子大声地或者在脑海里一遍又一遍地排练。开场白可以为报告做好铺垫、唤起听众的期待,也能向听众传达清晰的信息。

在演讲或做报告的过程中,演讲者应该考虑可以利用哪些视觉元素来证明自己的观点,并能让听众活跃起来。

⚡ 报告中幻灯片的使用

是否使用幻灯片取决于许多因素。现在，许多演讲者在会议上已经严重依赖幻灯片。当他们看着屏幕上从一个点讲到另一个点时，会遗失掉他们的个性和谈话的精髓。

如果要使用幻灯片（在某些情况下可能是理想选择），最好遵循如下这些原则。

■5行15字法则

首先，每页幻灯片上的文字行数不得超过5行且每行不应超过15个字。否则，只会分散听众的注意力，甚至让他们感到困惑。唯一的例外是，在较小的房间或团队中，可以使用超出规则允许的更多行或字。

第十七章 在会议上做报告

无论要在幻灯片中阐述多少个论点，在评论它们的时候，每次只播放一个点。不要一次把整页幻灯片的信息都播放出来，这样听众可能都忙于阅读幻灯片的信息，不注意你在说什么。

■切忌信息过多

不久前，一家跨国公司邀请我去做一场演讲。在我发言之前，公司的总裁给这250名听众做了长达一小时的演讲。他演讲的全部要点都呈现在一张幻灯片上，上面罗列了数百个数字，分别分布在各行各列中，但没有一个是清晰可辨的。他对着屏幕讲了整整一小时，并对这些数据做出了评论。因为他是总裁，所以会议室里的每个人都礼貌地坐着，但是这对所有与会者来说都非常痛苦。

■面对听众

演讲者讲解幻灯片时要面对观众。为了讲解背后大屏幕上的内容,请将笔记本电脑或平板电脑放在前面。切换幻灯片时,也请注意与听众保持眼神交流,就像始终在与他们交谈。

当演讲者不再就屏幕上的某个点或信息展开论述时,请将屏幕切换至白屏状态。请记住,做任何报告时,不管屏幕上有无文字,演讲者的脸都是最重要的元素,听众的视线会在演讲者的面部和屏幕之间来回切换,就像网球比赛中观众的视线在两位选手之间来回切换一样。

■将幻灯片当作辅助工具

讲解幻灯片时,演讲者要确保自己的面部有充足的光线。就我个人而言,当看到高管们为了确保

第十七章
在会议上做报告

投影仪和屏幕的最大清晰度而在黑暗中演讲时,我总是感到遗憾。请记住,演讲者才是报告的主角,而不是屏幕上的文字。

演讲者只能把幻灯片当作道具或辅助工具,而不是将其视为演讲的重点。演讲者才是演讲中必不可少的要素,是演讲中的焦点,幻灯片只是帮助其向听众更清楚地说明自己观点的工具。

当演讲者使用幻灯片时,请提前练习和排练。在正式做报告之前,请提前排练3~5次。站起来发言之前,也要先进行一次完整的彩排,以确保播放程序和投影仪连接完好,播放顺畅。

■做好应对意外的准备

你可能看到过或经历过这样的情况。整个讨论都需要依赖幻灯片才能进行,但幻灯片无法正常播

放；扬声器咔哒咔哒地响，但不出声音；等等。报告不得不戛然而止，所有人都站在那里，看起来很尴尬、很愚蠢，尤其是演讲者。

■**确保听众的注意力放在演讲者及其信息上**

在任何情况下，演讲者使用幻灯片做报告或演讲时，请用清晰、有力的开场白开始，为后续的演讲做好铺垫。然后，使用幻灯片说明关键的数字、要点和关系。完成幻灯片展示后，将屏幕切换至白屏状态。确保演讲的过程中始终面对观众并以感情强烈的话语（即号召性用语）结尾。

⚡ 活动挂图和白板

除了幻灯片之外，演讲者还可以使用活动挂图

第十七章
在会议上做报告

或白板。但永远不要忘记，重点始终是演讲者自己的脸部、手势和文字。如果使用活动挂图，请事先用铅笔把要讲的重点写在上面。听众无法看到铅笔写的信息，但这些信息可以让你在演讲的时候清晰而权威地"描绘"出要讲的重点，听众会认为你是凭记忆讲出来的，完全看不出是描摹出来的。

使用活动挂图时，演讲者阐明自己的观点之后，听众就有机会理解你写出的文字、数字或绘制的插图。翻过写满字的这一页，又有一张新的空白页，这有助于听众再次关注你。

使用活动挂图的另一种方法是提前在备用页上写下自己要讲的关键点。但在开始演讲之前，请确保面对观众的是一张没有字的白纸。开始演讲时，翻过这张没写过字的白纸，其要讲的第一组要点就

会呈现在听众面前。翻过这一页后，就会有另一张没写过字的白纸遮挡住下一组要点。

如果你用的是白板，每讲完一个要点后就立即擦掉它，让白板恢复空白的状态。否则，听众的眼睛会像刮水器一样在你和白板上的字之间来回滑动。在任何情况下，演讲者都要让观众的注意力专注到演讲者的脸部，而不会被页面、白板或屏幕上书写或投射的内容分散注意力。

此外，演讲者要自己携带马克笔和钢笔。因为这些细节经常被忽略，会场的马克笔要么干了要么不能用，要么就是忘记提供。

第十七章
在会议上做报告

⚡ 熟能生巧

关于各种演示工具（幻灯片、活动挂图和白板）的最后一个关键点是练习、练习、练习。如果演讲或报告对作为演讲者的你和观众都很重要，请反复练习。提前排练，排练时最好有少数观众在场。请记住，一场出色的报告可以促进你的职业发展，使你成为明星，迈入职业发展的"快车道"。不要错过任何一次做精彩报告的机会。

第十八章
提升自信

根据《吉尼斯世界纪录大全》(*The Guinness Book of Lists*)对人生最大恐惧的调查，54%的成年人把对公开演讲排在死亡之前。这一结果描述了那些参加会议时排斥在同龄人面前发言的人。在许多情况下，他们都非常的害羞和恐惧，在整个会议期间都安静地坐着，不希望被他人注意到。

有时，我在开始做报告时会告诉听众，对公开演讲的恐惧是所有人最痛苦的恐惧之一，它常常阻碍人们实现所有可能实现的目标。然后我会说："让

第十八章
提升自信

我来示范一下这种恐惧以及它是如何让人害怕演讲的。"

随后，我说："在我做完报告之后，我将从听众中挑选一些人到舞台上来，向在座的所有人做一个简短的报告，告诉我们他们从今天的报告中学到了什么，以及在这次报告之后他们会做出哪些改变。"

当我的目光扫视现场的所有听众，好像在试图决定将会把哪些人叫到舞台上演讲时，现场变得鸦雀无声。然后我问大家："如果我告诉你我可能会让你到舞台上演讲，你会有何感觉？"

大多数观众都说："我当然希望被选中的人不是我！"

一想到要站在自己的同龄人面前演讲，甚至更糟的是，在一群陌生人面前演讲，就会让人无比痛

苦。你会开始流汗、心跳加速、大脑一片空白，甚至开始胃绞痛。

然而，管理者演讲的能力和清晰地表明自己的观点并说服别人接受自己的观点的能力，可以加速其职业进程。

因此，管理者需要下决心克服对公开演讲的害羞和恐惧。必须认真地做出决定，才能成为在别人面前演讲的高手。

⚡ 正视恐惧

拉尔夫·沃尔多·爱默生（Ralph Waldo Emerson）小时候有一次在街上闲逛时，一张纸吹到了他的腿上。他俯下身，捡起了那张纸，发现上面写着："做

第十八章 提升自信

你害怕的事,害怕必然消失。"后来爱默生说,这句话改变了他的一生。

在心理学上,我们知道,克服任何一种恐惧的唯一方法就是正视它。很多时候,最大的成功往往蕴含在自己最大的恐惧之中。如果能坚持下去,不仅可以取得更大的成功,而且还可以克服其他可能使自己退缩的恐惧。

⚡ 参加会议或课程

想要克服演讲的恐惧,你可以加入国际演讲会(Toastmasters International)的当地分会或参加戴尔·卡耐基(Dale Carnegie)的公开演讲课程进行学习。我遇到过来自世界各地的人,他们通过参

加这些会议或课程并得到在会上发言的机会，在短短几周内让自己的生活发生了改变。

当你反复做一件自己害怕的事时，最终会克服对做这件事的恐惧，这就是"系统脱敏的过程"。当你加入其中一个组织后，每周都有机会站起来对小组的其他成员说几句话。第一周，你可能会感到紧张和恐惧。但是在第二周或第三周之后，你发现你认识每一个听自己演讲的人，知道每个人的名字，你们的小组就像一个小型的"家族企业"一样。慢慢地，你的恐惧就消失了。

恐惧与自信之间成反比关系。当你因为成功而信心倍增时，恐惧也会成比例减少。然后，很快你就会达到这样的水平，几乎完全不害怕在任何团体中就任何话题发表演讲、表达自己的观点。

第十八章 提升自信

此外,还有许多关于公开演讲的好书和音频课程可供你学习和参考。这些可以让你的提升既快速又持久。在六个月的时间里,通过定期参加会议、阅读有关演讲的书籍、听相关的音频,你能够在任何听众面前自信又清晰地演讲。

做好准备工作

演讲者学院主要培训学员如何为即将到来的讲话或演讲做好心理和情感准备。而最重要的准备工作就是想象。

你可以在脑海中勾勒出一幅清晰的画面——在同伴面前平静自信地说话,并在脑海中一遍又一遍地回放这幅画面,直到自己的潜意识将其视为模

板。然后，下次参加会议时，你的潜意识会赋予你所需要的自信和勇气，把你的内心图景转变为外在现实。

⚡ 尽早发言

有研究表明：在会议中首先发言的人通常对会议的最终结果产生最大的影响。这就是为什么无论会议的主题是什么，管理者都应决心在会议开始后的五分钟之内清楚地表明自己的观点。

记住一句古老的谚语："谁会提问，谁有控制权。"通过向会议主持人或其他表明主张的人提出清晰的问题，可以把自己塑造成一个有思想的、聪明的、全身心投入到会议中的人的形象。如果能够提

第十八章
提升自信

出一个很好的问题，其他与会者会认为你是会议中的参与者。此外，被你提问的人也认为你是重要的、有影响力的人，因此会在会议期间开始不断地向你讲话，确保你能够理解和支持他所说的内容。

在会议上尽早发言的另一个好处是，此后每当你有问题或意见时，会更加自信地表述。

还有研究表明：不为会议做贡献的人往往会被认为无法做出任何贡献。当一个人因为太害羞或缺乏安全感而在会议中安静地坐着而不敢发言时，其他与会者最终会认为这个人在这个话题上无法贡献任何有价值的观点。你一定也不希望其他与会者对你有这样的看法。

最后一点：如果你培养了自信地站着说话的能力，在公司或组织的一对一或任何形式的会议上，

你的自信和能力也会随之大大提高,你甚至都不会意识到这一点。这种能力可以提高你在与他人交往、个人生活和工作中的自信水平。

第十九章
打破会议中的帕金森定律

英国著名历史学家西里尔·诺斯古德·帕金森（Cyril Northcote Parkinson）于 1958 年出版了《帕金森定律》（*Parkinson's Law*）一书。几十年来，这本书对数百万人产生了深远的影响。

帕金森定律则是源于这本书的标题。该定律指出：只要还有时间，工作就会不断扩展，直到用完所有的时间。因此，如果你计划用 8 小时完成列表中的所有任务，就一定会花费整整 8 个小时来完成任务，在一天结束时仍然会匆匆忙忙。

帕金森在研究英国的政府部门时指出：无论聘用了多少人，不管部门有多大，即便每个人都整天忙个不停，实际上能够完成的工作很少。这是各种官僚机构（尤其是政府官僚机构）的最大弱点之一。

⚡ 会议中的帕金森定律现象

帕金森定律尤其适用于会议。无论议程有多少，会议会一直持续到用完所有的时间。如果计划用两小时讨论会议的所有议程，则一定会花费整整两小时的时间来完成。最后，临近结束时，还会匆匆收尾，往往会做出错误的决定。但是，如果只安排一小时来讨论相同数量的议题，你会非常惊讶地发现

第十九章
打破会议中的帕金森定律

真的能够在一小时内完成。

想要达到这样的成果，必须坚守一个规则："准时开始，尽早结束。"到了约定的时间，要假设迟到的人不会出席，立刻宣布会议开始。讨论议程上的议题时，快速地从一个议题切换到另一个议题。不要偏题，也不要在无关的问题上浪费时间。

⚡ 打破定律

管理者的目标是挑战自己，打破帕金森定律。首先，为议程上的每项议题都提前设置具体的讨论时间，并在每一份议程的每项议题的右侧边缘注明讨论的具体时间，例如9∶00—9∶10。虽然这种方式略显刻意，但可以使与会者直奔主题、避免

偏题。

当与会者意识到会议的时间有限或者讨论会议中某项议题的时间有限时,他们更会开门见山,抓住重点。

⚡ 分配时间

在工作和计划的其他环节,管理者也可以打破帕金森定律的常规方法。当有人给你打电话或路过想和你说话时,你可以立即回复说:"8分钟后我有个电话会议。"或者,"11分钟后我有事需要离开,我们正好有11分钟的时间可以交谈。"

与我共事过的许多工作效率最高的高管都会在对话的一开始就告诉我,他们只有几分钟的谈话时

第十九章
打破会议中的帕金森定律

间,所以我们要直奔主题。

如果是一段 30~40 分钟的发言,这些高管在两分钟内就能直奔主题。通常情况下,这些人会在短短几分钟之内就能涵盖议程上的所有内容。

⚡ 设定截止时间

如果你发现自己和一群喜欢拖延会议的健谈的人一起开会,最好的办法就是告诉他们,你需要在多长时间后离开。明确、短暂的时间确实使人感到恐惧。当临近宣布的截止时间时,你就可以开始收拾开会的材料,准备离开。在这种情况下,与会者就会直奔主题、绝不偏离主题。

这种方法能够显著提高开会的效率和有效性。

高效会议

MEETINGS THAT GET RESULTS

给自己一个紧迫的期限来完成重要的任务,你会惊讶地发现,当设定了截止时间,不得不离开或去做其他事情时,自己能完成很多事情。

第二十章
提高会议效率的技巧

管理者可以采取以下几种方法提高会议的效率。

⚡ 制定会议议程

首先,要制定会议议程。制定会议议程最好的方法是要事先与将要参加会议的其他人商定议题。

管理者要践行"无意外"原则。尽可能提前向与会者提供有关会议主题的知识和信息,以便他们有机会准备和组织自己的想法。这样一来,他们参加会议时，已经对将要讨论的内容和会议的目标有了清楚的认识。

⚡ 明确会议目的

其次，在会议开始时，要明确说明会议的目的。说一些诸如："这次会议要决定我们要如何调整某方面的预算。如果要增加预算，增加多少？如果要降低预算，应该降低多少？"此类的话。

我的朋友乔尔·韦尔登（Joel Weldon）是一位顶级的专业演讲家，也是专业演讲家的老师。他用一个生动的例子说明了这一点，并称之为"公共汽车站牌"。他指出，如果你正站在一个公交车站等待从 A 地到 B 地的车，如何确定上哪辆车？答案当然

第二十章
提高会议效率的技巧

是根据车站里的带有标识的指示牌。

同样,在任何会议或任何形式的报告中,提高个人效率的一个好方法就是宣布"公共汽车站牌",即会议的目的:把这些人召集在一起开会想要实现什么目标。

⚡ 分发会议背景信息

第三,为了进一步提高会议的效率,管理者还要提前分发有关该会议主题的背景信息,使每位与会者都能够提前有机会计划、准备、组织,尽可能提高会议效率。

同时,只邀请那些必须出席的人员参加会议。避免因担心员工觉得自己被冷落而邀请其参加会议。

作为会议的负责人,你能做的最好的事情就是告诉有些人,他们不需要参加某个具体的会议,可以继续做手头的工作。如果有重要的事情发生,稍后会通知他们。

如果你是会议的参与者,请尽量避免参加不必要的会议。询问会议的负责人是否还有其他方法让你做出任何需要做的贡献。

⚡ 制作视觉资料

第四,如果你要展示幻灯片或书面文件,一定要准备好个人讲义的复印件,在会议开始时把个人讲义与议程一起分发给其他参会者。一般来说,70%的人通过视觉吸收和理解信息,30%的人则可

第二十章
提高会议效率的技巧

以通过他人的口头表述吸收和理解信息。这意味着除非依靠视觉理解信息的人能够看到文字或图片，否则无法理解和记住相关的信息。这就是为什么你最好把所有的要点都写下来，并且确保每个人在讨论这些要点的时候都能够看到它们。

写出要点或创建视觉资料可以提高会议效率。当与会者能够看到你在谈论或讨论的视觉资料时，就能够随着会议的进行做出更多的贡献、提出更多的见解。

⚡ 坚决结束会议

最后，每次会议结束时，都应就下一步的行动制订出明确的计划，并就以下问题达成一致：谁要去做什么？什么时间截止？达到什么标准？管理者或其他人将如何以及何时核查会议中做出的行动承诺？现在的进度如何？

如果管理者想通过其他人的帮助或合作完成工作，那么会议是一种非常必要的工具。因此，管理者要下决心练就出色的组织会议的能力，为自己和组织争取到最大的好处。管理者要努力赢得这样的口碑：别人都认为其举办的会议非常棒，都很喜欢参加，因为他们自己及事业都能从中受益。

第二十一章
会议的行为管理学

会议是促进职业发展的最重要的工具之一。你未来能否成为管理者、领导者和高管,直接取决于你主持会议的能力,以及是否有能力在会议中表现出色。

因此,你要夯实自己的基本功,因为每次会议都会极大地影响你未来的职业生涯,且事实往往如此。

⚡ 良好的会议习惯

首先,事先做好计划。你要想清楚要开什么类型的会议、需要谁参加、何时能与部分与会者讨论与他们相关的议题。

其次,准备完整的议程。制定议程时,也要邀请其他参会者发表意见。践行"无意外"原则,确保参加会议的人十分清楚会上要讨论的内容,了解足够的会议背景信息,以便为讨论贡献宝贵的意见。

最后,按时开始和结束会议。请记住,开会时公司依旧要付每位参会者薪水,因而会议对于公司而言也是一笔不小的投资。一些会议会花费价值数百甚至数千美元的薪水和工资时间。因此,不能浪费开会的时间。

第二十一章 会议的行为管理学

⚡ 紧扣主要议题

会议中要紧扣主要议题。当与会者提出另一个偏离主要议题的问题时,请说:"我们何不先把这个话题搁置一边,会后再进行讨论呢?"

作为管理者,你要从行动的角度考虑问题。如果会议结束时,没有具体的人做出具体的行动承诺,那么这次会议只是一场无意义的讨论,并且将会再次就此议题召开会议。议程上的每一项议题都要得出一个行动结论。即做出决定:要么做某事,要么什么都不做,或者将其推迟到日后的会议上做出最终决定。然后总结这一议题,继续下一项议题。

如果会上有人做出行动承诺,你要及时跟进。确保每个人都知道要做什么,什么时候完成以及下

一步将要做什么。永远不要假设这些人清楚自己要做什么。

最后,你要下定决心提升自己召开会议和主持会议的能力。管理者通过这个极其重要的业务工具,为组织和自己获取更多更好的成果。

第二十二章
总　结

管理者有能力将普通的会议转变为给自己和公司带来高回报的机会。在会议中，管理者既能指导、管理和培养自己的下属，也能通过参加或主持会议的方式给上司留下深刻的印象。此外，管理者可以在会议上完成其他方式无法完成的工作——解决问题、做出决定、影响和说服他人等。

通过阅读和重温本书所提的思想，管理者可以在商业生活中最重要的一项活动——会议——中变得更加优秀。

博恩·崔西职场制胜系列

《激励》
定价：59元

《市场营销》
定价：59元

《管理》
定价：59元

《谈判》
定价：59元

《领导力》
定价：59元

《高效会议》
定价：59元